JN096164

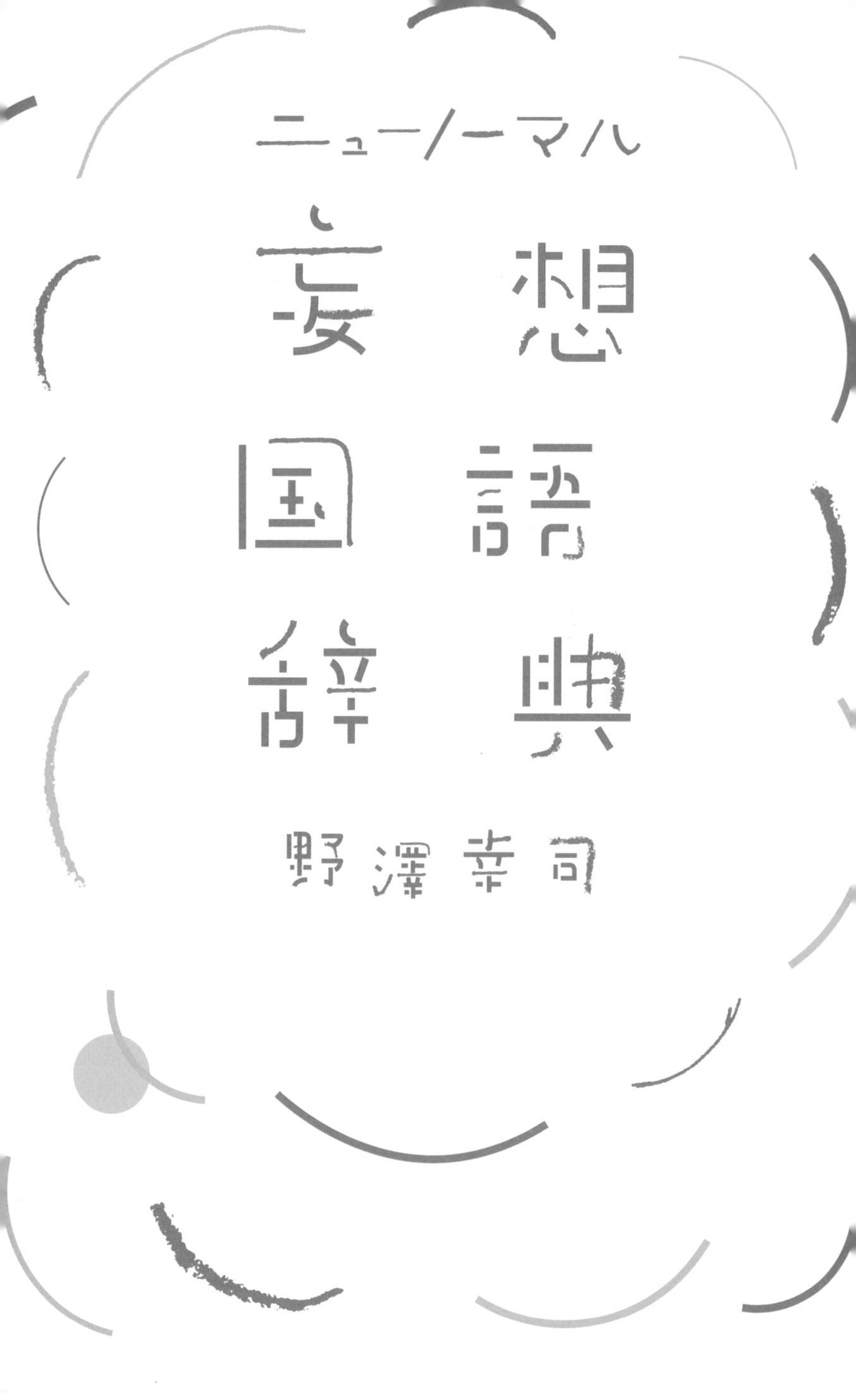
ニューノーマル
妄想国語辞典
野澤幸司

はじめに

予測ができない世の中になりました。
予測ができない、といえば、
妄想国語辞典の第三弾が出ることなど、
この世の誰が予測できたでしょうか。
正気の沙汰ではありません。

しかしこのところの、
人になかなか会えない暮らしは、
妄想を引き出すためにあるような環境です。
PCの向こう側にいる人は、
打ち合わせしてるふりをして
海外ドラマを観ているかもしれない。

あるいは下半身はパジャマかもしれない。
いや、たぶんパジャマのはずです。
そんなリモートな暮らしから生まれる
「リモーソウ言葉」*も含め、
ほかに類を見ないほど主観的で学びのない
妄想語を２００以上も生み出してしまいました。
制約だらけの今の世の中でも、妄想だけは治外法権。

海外に行けなくても、
自分の頭の中は無料でトリップし放題です。
現実逃避のパスポートとして、
ぜひ本書をご活用ください。

野澤幸司

リモーソウ

*リモーソウ言葉
なかなか人に会えない
リモートな暮らしの中
から生まれた妄想言葉。

アグリーです

【意味】仕事ができた気になること。

【例文】ちょっと任されるようになったからってアグリーですじゃないのか？　勘違いするんじゃないぞ。

あげた物をオークションで見つける

【意味】切ない気持ちになること。

【例文】子どもの成長って、嬉しい半面、あげた物をオークションで見つける感じですよね。カメラのレンズ越しに涙が止まりません。

温めすぎた肉まん

【意味】見た目はかわいらしいが中身は凶暴なこと。

【例文】パンダって温めすぎた肉まんだからね。つまるところは熊だし。雑食だから普通に口の周り血だらけにして鹿とか食べるから。

会ってもらいたい人がいるの

【意味】恐怖の報告。

【例文】ボス、会ってもらいたい人がいるのです。敵国のスパイが国内に潜入しているようです。

謝れない病

【意味】現代の大人によく見られる病気。

【例文】けんかが絶えない夫婦のほとんどが、謝れない病を患（わずら）っている。片方ならまだしも、二人ともとなると重症である。

アラーム音にビクってなる

【意味】自分で仕かけたワナに自分でかかること。

【例文】この辺の山道を歩くときは気をつけた方がいい。地元の猟師ですらアラーム音にビクってなるときがあるのだから。

ありがとうのひと言

【意味】ささいな行動がその後の運命を左右すること。

【例文】深いジャングルの中で生き抜くのは容易ではない。たったひとつのミスが命取りになる。ありがとうのひと言を忘れてはならない。

あんまテレビ観ないんで

【意味】 会話が終わってしまうこと。

こちらとしては、正直そんなに深い話をしたいわけじゃないのです。間がもたないから和ませようとして「テレビとか何観ます?」と言ってるだけ。あなたにそれほど興味はないのです。

なのに「あんまテレビ観ないんで」ってどういうことなのでしょう。たとえ本当に観てなくても、その答えはどうかと思う。

「最近は観てないですけど昔はこんなの観てました」とか、「観られてないですけど、あの番組面白いらしいですね」とかあるだろうよ。

好きでもない相手にフラれるってこんな気持ちなのかな。

最近では「あんまテレビ観ないんで」と言う人には、「あなたに興味ないんで」と心の中で返すことにしている。

いいねの数を気にする

【意味】人としての器が小さいこと。

【例文】うちの会社はもうダメかもな。いいねの数を気にするあの人が社長だもんな。お先真っ暗だわ。

いいよな独身は

【意味】原因は自分にあること。

【例文】選手たちは本当によくやってくれました。それでも決勝まで手が届かなかったのは、いいよな独身はであり、責任を感じています。

家ゴミの排出量

リモーンウ

【意味】とどまるところを知らないこと。

【例文】山本の出世は家ゴミの排出量だ。また新たな得意先を開拓しやがったらしい。うかうかしてると先輩である俺たちも抜かれるぞ。

家飲みで泥酔

リモーンウ

【意味】油断が失敗を招くこと。

【例文】証言の際、被告人は完全にしゃべりすぎだった。勝訴を目前に家飲みで泥酔したのだろう。黙っていれば勝てたはずだ。

リモーシウ

いったん抜けます

【意味】もう戻ってこないこと。

【例文】体育館に射し込む西陽(にしび)。プールのあとのけだるい感覚。仲間とはしゃぎ合った時間。キラキラした青春時代は、いったん抜けます。

リモーシウ

居場所がなくて出社

【意味】元も子もないこと。

【例文】看病しているあなたが倒れちゃったら居場所がなくて出社だよ。まずはあなたが、元気でいないとね。

今デジャブった

【意味】会話を遮ることと。

【例文】2歳の娘の前で夫婦の会話を始めると、ほぼ必ず、今デジャブったしてくる。自分に注目してもらいたい年頃なのだろう。

インフルエンサーになりたい

【意味】考えが浅はかである様。

【例文】若いうちはインフルエンサーになりたくてもいいと思うよ。でも30超えたらさ、後輩とか部下とか率いるわけだからそうもいかないぞ。

いつもキレイに使っていただきありがとうございます

【意味】優しそうに見えて実は厳しいこと。

トイレに行くと結構な確率で遭遇するこの言葉。横には頭をぺこりと下げている挿し絵があったりしてマイルドさやほがらかさを演出しているが、その印象が優しければ優しいほど私は恐ろしい気持ちになる。

いつもキレイに使っていただき、ということはつまり、常にキレイに使うことが人間として当たり前、という大前提があって、さらにそれを永続的に続けなさいよ、おまえがまともな人間であるならば……という、強烈な恐怖訴求にほかならない。

挿し絵のぺこりに気を取られてオシッコの軌道がズレでもしたら、そのときが運の尽き。ウンは付いてなくても運の尽き。用を足したあとの身震いは、ぺこりな恐怖によってもたらされているのかもしれない。

受付嬢のガールズトーク

【意味】人目を盗んで悪事を働くこと。

【例文】こりゃあ妖怪のしわざだよ。この土地に古くから棲(す)み着く妖怪で、受付嬢のガールズトークするけど、まあやることといえばかわいいもんだよ。

うさぎとびってなんですか？

【意味】ジェネレーションギャップの別称。

【例文】うちのチームに配属された新人、ブランドものとか一切興味ないんだって。今日のスーツも1万円だってさ。うさぎとびってなんですか？だよなー。

オートマ限定なんだ

【意味】相手を見下している様(さま)。

【例文】あなた、言葉遣(づか)いは丁寧なんだけど、なぜかオートマ限定なんだを感じるの。私の被害妄想かしら。

おじさんの流行語使用

【意味】時差で遅れてやってくること。

【例文】もしもし、すみません、なんだか回線の調子がよくないのか、山本さんの声がおじさんの流行語使用で。はい、はい、え? もしもし?

おしゃれパン屋のパン

【意味】とても硬いこと。

【例文】ダイヤモンドは鉱物の中でもおしゃれパン屋のパンと呼ばれているため、工業用のカッターなどにも使われています。

落ち着いたら飲みましょう

リモーシウ

【意味】定型文のあいさつ。

【例文】スマホ新しくしたらめっちゃ便利で、とくにメール打つとき落ち着いたら飲みましょうがすぐ出てきてすごい楽なんだ。

運動会のお父さん

【意味】 衰(おとろ)えを隠しきれない様(さま)。

小学校の運動会で盛り上がる場面のひとつといえば、子どもたちのお父さんによるリレーではないだろうか。

しかし、子どもたちを応援しているときのような純粋な心とは違うポイントで盛り上がっている気がするのだ。

「よーいどん!」でお父さんたちが走り出す。

最初はいいが、しばらくすると若い頃の脳内イメージに現在の身体能力が追いつかず、結果的にごろごろ転げ回る……みたいなお父さんが一人はいる。この姿を、みんな心のどこかで期待してしまうのではないだろうか。

父の立場から考えれば、こんなに恐ろしいイベントはない。お父さんたちにとって、運動会のスタートラインは地獄の一丁目への入り口でもある。

夫を旦那くんと呼ぶ

【意味】鼻につく態度。

【例文】木村さんとこの上の子、あれかなり問題児よ。こまっしゃくれてて、たまに夫を旦那くんと呼ぶのよね。

おつりが全部10円玉

【意味】ひどい仕打ちを受けること。

【例文】部長、若い頃に部下に厳しく当たりすぎたせいで、今じゃ逆におつりが全部10円玉らしいわよ。自業自得ね。

あ

男ってそういう生き物だから

【意味】わかったような口を利(き)くこと。

【例文】親に向かって男ってそういう生き物だからとか言うんじゃないぞ。おまえのオムツを替えていたのは誰だと思ってるんだ。

おまえどこ中だよ

【意味】強い縄張り意識。

【例文】群れで暮らす動物にはもともと、おまえどこ中だよが備わっている。けれど国際情勢を見ていると、それは動物だけでなく人間にもいえることのようだ。

エンドロールで席を立つ

【意味】　せっかちな人のこと。

いくら多忙な人でも、映画館に足を運んで映画を観るときは、いくらか余裕を見てスケジュールを立てるはず。にもかかわらず、エンドロールが流れ出した途端に席を立つ人が必ずいるのはなぜだろう。帰り口が混むのが嫌だから、あたりの理由なのだろうが、エンドロールのあとに重要な映像が残っていたらどうするのだ。その最後の映像に、ストーリーの伏線の回収や、作品がもっとも伝えたかったメッセージがこめられていたらどうする。よく小説などで「最後の1行を書くための作品でした」とかいうじゃないか。手紙の最後に、「追伸：あなたが好きですす付き合ってください」って書いてあるのを見落とすのと同じくらいの損失だろう。家に帰るまでが遠足。エンドロール終わるまでが映画です。

俺たち親友だろ

【意味】一方的な押しつけ。

【例文】大臣は平和的な交渉だったと言っているが、実際は相手国の俺たち親友だろをこちらが受け入れた形の条約だ。

俺を活かせる環境じゃない

【意味】問題は自分にあること。

【例文】今回の夫婦げんか、俺を活かせる環境じゃないのはわかってる。でも一度振り上げた拳はなかなか下ろせない。

リモーンウ

海外のリゾート映像

【意味】切なくなる瞬間。

【例文】50を過ぎた頃くらいからかしら。ふいに海外のリゾート映像がやってきて、気づくと涙が流れていたりするの。

外見をほめる

【意味】リスクがつきまとうこと。

【例文】社外で機密にまつわる情報を扱う際には、必ず外見をほめる。細心の注意が必要だ。

解体現場で深呼吸

【意味】ＴＰＯを間違えている様（さま）。

【例文】自分の思ったことを発言することはとても大切なことですが、解体現場で深呼吸しないように。自分が損をすることになります。

帰れと言われてほんとに帰る

【意味】世代の違いによるズレ。

【例文】20代の若者はデジタルネイティブだが、40代のわれわれはデジタルをあとから獲得した世代。帰れと言われてほんとに帰るのは当たり前だ。

確定申告に詳しいサラリーマン

【意味】どこか怪しい様（さま）。

【例文】貴様、さっきから確定申告に詳しいサラリーマンだな。さては何か隠しているな？

学校の先生モノマネ

【意味】わかる人にだけわかること。

【例文】あの人がはいてるジーパン、あれヴィンテージだよ。たぶん20万はする。学校の先生モノマネなんだよ。

買ったばかりの革靴

【意味】なかなかなじめずにいる様。

【例文】あの新人、会社辞めちゃったんだって。買ったばかりの革靴だったんだろうな。顔が死んでたもん。

カバンの中のイヤホン

【意味】複雑に絡（から）まりこじれること。

【例文】和平交渉がカバンの中のイヤホンになってしまった最大の要因は、戦争を希望する一部の要人たちがいるからにほかならない。

カブトムシのにおい

【意味】ノスタルジックな気持ちになること。

【例文】あれから40年。もうみんな立派なおじさんおばさんだけど、こうして会うとあの頃の気持ち思い出すね。あぁ、カブトムシのにおいだ。

リモーシンウ

下半身は部屋着

【意味】相手を欺(あざむ)くこと。

PCの画面に映る、いかにもなキャリアウーマン。キチッと整えられた清潔感のある髪型。派手すぎず好印象を与える完璧なメイク。そして、理路整然とした語り口のプレゼン……しかしそれにだまされてはいけない。リモート会議は上半身だけのハーフドキュメンタリー。画面に映らない下半分はあくまでフィクションなのだ。数億円をかけた商談の最中、画面越しのあの人がはいているのは部屋着やパジャマかもしれない。それならまだしも、何もはいていない可能性だって否定はできない。
ちなみに余談だが、「下半身は何もはいていないけど圧倒的に素晴らしいプレゼン」と、「下半身もきちんとした格好だけど冴(さ)えないプレゼン」、どっちがよいプレゼンなのだろう。どちらでもよいですか。あ、そうですか。退出させていただきます。

髪切りたい

【意味】一度そう思ったら頭から離れないこと。

【例文】あの男に復讐を果たしてやる。15歳のときに抱いた髪切りたい気持ちを、いよいよ叶(かな)えるときがやってくる。

リモーンウ

カメラオフって別作業

【意味】悪質な行為。

【例文】この詐欺(さぎ)は、立場の弱い人をターゲットに仕組まれたものであり、非常にカメラオフって別作業である。

リモーシウ

カメラオンのまま鼻ほじる

【意味】脇が甘い様。

【例文】国家機密を取り扱うスパイのくせに、カメラオンのまま鼻ほじるやつだな。指紋がいたるところに残ってやがる。

リモーシウ

画面越しの飲み会

【意味】すぐ飽きてしまうこと。

【例文】うちの息子はいろいろなことに興味をもつのが長所といえば長所なのですが、画面越しの飲み会で……続かないんです。

画面に幼い子ども登場

【意味】終わりが見えなくなること。

【例文】いちばん有力だった容疑者のアリバイが成立してしまった。これにより事件は迷宮入り、画面に幼い子ども登場となった。

ガラケーをつらぬく

【意味】頑固（がんこ）な様（さま）。

【例文】歳をとってくるとね、なかなか人の言うことを聞けなくてガラケーをつらぬくものなのよ。結局損をするのは本人なのにね、まったく。

カレーじゃない日の福神漬け

【意味】出番が回ってこないこと。

【例文】娘の学芸会、ずっとカメラを回し続けているのに、カレーじゃない日の福神漬けとはどういうことだ。手がプルプルしてきた。

枯(か)れ木と略奪愛

【意味】すぐ燃え上がること。

【例文】芸能人のブログは、使い方さえ間違わなければとても優良なコンテンツだが、一歩間違えると枯れ木と略奪愛だ。

彼氏さん彼女さん

【意味】 むずむずとした違和感。

日本にはさまざまな「敬称」がある。相手を敬うためのものだが、その使い方を間違えると、それはとんでもなくシニカルな凶器へと変わってしまう。その代表格ともいえるのが、知り合いの彼氏や彼女の後ろにつける「さん」。おそらく直接面識がないので「彼氏さん彼女さん」となるのだろうが、名前を聞いてその名前にさんをつければいい話だ。そもそも彼氏には、もう「氏」とついているから文法的に「さん」はいらない。

たとえば親友や家族が、付き合ってる女性のことを「今度うちに彼女さん連れてきなよ」と言ったら、絶対に連れていかないだろう。明らかに距離を置かれているから。

私に近い人たちが、私のことを「作家さん」と呼ぶときの、あの冷ややかな距離感と同じなのだ。

リモーンウ

革ジャンで自宅作業

【意味】効率が悪い様（さま）。

【例文】油がついた皿から洗うと革ジャンで自宅作業なので、まずは汚れの少ない皿から洗っていくようにしましょう。

気づいたら会計済み

【意味】さり気ないかっこよさ。

【例文】私が重そうに持っていたカバンを、彼が持ってくれた。そういう気づいたら会計済みなところが好きなんです。

気づいたらサブスク動画

【意味】集中力に欠ける様。

ゲーム終盤、追い込まれた彼女は気づいたらサブスク動画だった。最大の敗因はそれだろう。

休日の同僚

【意味】あえて気づかないふりをすること。

【例文】耳の上あたりに白髪が出てきていることは知っている。けれど染めるほどでもないので休日の同僚にしている。

腐(くさ)らずやる

【意味】 できそうでできないこと。

いろいろな人生の諸先輩たちから、ことあるごとに言われてきたアドバイス。

「腐らずやってみなよ」

一見、それほど難しい要求には思えないけれど、その実、なかなかハードルが高い。簡単に言えばあきらめないで続けてみなさいよ、ということになるが、それがいちばん難しいわけで、できたらきっと誰もが成功者になれる。歴史に名を刻むような偉人たちは、この「腐らずやる」ことを実践(じっせん)できた、ほんのわずかな人類だと思う。

人類の大部分が、あきらめて腐っていく。でもそれでいいじゃないか。人間だもの。腐りかけがうまい食べ物もあるのだから。

そんなことを考えていたら、黒い点がびっしりのバナナが食べたくなってきました。

共感したらシェアよろしくです

【意味】ひと言多くて損すること。

【例文】仕事熱心な夫があまり出世できなかったのは、共感したらシェアよろしくですのせいかもしれない。口は災いの元だ。

ギリセーフと思ったらトイレ満室

【意味】絶望感に襲われること。

【例文】そのとき人類はギリセーフと思ったらトイレ満室だった。エイリアンたちには情け容赦（ようしゃ）という概念（がいねん）などなかったのだ。

銀座で食べたら〇〇円くらいする

【意味】意味のない仮説。

【例文】「違う人と結婚してたら」とか「あのとき別れていたら」とか。銀座で食べたら〇〇円くらいするを繰り返して、あなたは一体何がしたいの？

クリスマスイブアルバイト

【意味】応援したくなる人。

【例文】別に何かしてもらったわけでもないのに、なぜかクリスマスイブアルバイトっていいますよね。これってやっぱり生まれ持ったものなんでしょうね。

結婚ってガマンだから

【意味】勝手に結論づけること。

【例文】首相、まだ政策の中身は決まっていません。国民の声に耳を傾けないまま結婚ってガマンだからとか言わないでください。

肩甲骨周辺（けんこうこつ）

【意味】物事に凝り（こ）やすい人。

【例文】うちのせがれは私に似て、肩甲骨周辺なんだよ。ゴルフ始めたりしたら、大変だぞあの男は。

原則禁止

【意味】形だけで実行性を伴わないもの。

【例文】新しく可決された法案は、草案の状態からあれだけ時間をかけたわりには原則禁止で、肩透かしを食らった感じである。

語彙力のないラッパー

【意味】勢いで乗りきるしかない状況。

【例文】大佐、われわれの作戦はすべて敵軍に読まれておりました。もはや語彙力のないラッパーかもしれません。

豪雨時に宅配ピザ

【意味】罪悪感がつきまとうこと。

【例文】電車で目の前に高齢な人が立っていたのに、寝たふりを決め込んでしまった。結果、豪雨時に宅配ピザで、座っているのが居心地悪かった。

焦げとおこげ

【意味】意味がまるで違うこと。

【例文】バットを思いきり振って三振になったのと、ボールを見送って三振したのじゃ、焦げとおこげなんだよ。

こちら最後の一点です

【意味】　大量に在庫がある状態。

私は洋服屋の店員が好きだ。とくにクセの強い店員が大好物。

「いらっしゃませ」を「るあっしゃいませぇ」と言うのもクリエイティブだし、言葉を生業にする人間としてセールストークも参考になる。

中でもテッパンなのは「最後の一点」というワード。

今買わないとなくなっちゃうかもしれない！　という焦燥感に着火するやり方だ。

死を意識すると生を感じるように、有限を実感すると、今ここにあるものの価値がわかる……ということで、最後の一点を買ってしまったのだが、翌日店の前を通ると同じ商品が大量に並んでいた。

そして、あの店員は、昨日にも増して大きな声で「るあっしゃいませぇ」と客を呼び込んでいる。

ここ試験に出るぞー

【意味】なんの確約もないこと。

【例文】社長同士で決めた話だとしても、お酒の席での口約束にすぎないのだから、ここ試験に出るぞーだろう。

ゴスペルのテンション

【意味】ついていくだけで精一杯なこと。

【例文】大学の授業のレベルが想像以上に高くて、ゴスペルのテンションだわ。バイトしてる暇(ひま)なんてないかもしれん。

このクーポン使えますか

【意味】前もって伝えなければならないこと。

【例文】今回みたいな大きな話は、プロジェクトが動き出す前に会社に報告してくれないと。このクーポン使えますか的案件だよ、これは。

（か）

語尾に。。。

【意味】気弱な印象を与えること。

【例文】野生に生きる動物たちにとって、語尾に。。。はタブーである。心の弱さが見えた瞬間、敵が襲いかかってくるからだ。

古民家風カフェ

【意味】雰囲気にだまされそうになること。

【例文】あの男、よーく見てごらん。古民家風カフェだけど、実はぜんぜんイケメンじゃないから。

コンビニスイーツの完成度

【意味】日々進化するもの。

【例文】ＰＣやスマホなどのコンビニスイーツの完成度によって、ビジネスの速度は飛躍的に上がった。

この肉ヤバい

【意味】　いい意味にも悪い意味にも取れること。

近所の熟成肉専門店にて。隣の席で肉をオーダーした若めのサラリーマンたち。A5ランクの霜降り（しもふり）ステーキがテーブルに置かれるなり、大きめのリアクションが起きる。

「この肉ヤバいって」

その場にいて、声や表情があるとなんとも思わないけれど、文字だけでよく見ると話が変わってくる。もしこれが、自宅で冷蔵庫を開けた夫が妻に「この肉ヤバいって」と言ったら、それは賞味期限をだいぶ過ぎたリスキーな肉となる。ヤバいとか、エグいとか、神とか、クソ〇〇とか、〇〇すぎるとか、強調しようとして生まれた言葉って、変な使われ方によって乱れがちですよね。まあこの本は、むしろそんな乱れを促（うなが）すのにひと役買っているような気もするので、なんとも言えないのですが。この本ヤバいですか？　どっちの意味でですか？

サークルが忙しくて

【意味】言い訳にならないこと。

【例文】景気が不安定なのは、みな一緒なわけで、売り上げが落ちたことを世の中のせいにするのはサークルが忙しくてにほかならない。

サービスエリアの生ビール

【意味】誰か一人が犠牲になること。

【例文】会社が起こした不祥事。サービスエリアの生ビールでいい、と田村部長はその尻拭いに自ら名乗り出た。

最終学歴を学部で答える

【意味】どうでもいいプライド。

【例文】いい年齢になってもあいつが結婚できないのは、最終学歴を学部で答えてるせいだと思う。

リモーンウ

座椅子が売り切れ

【意味】考えることはみな同じであること。

【例文】ニュースで特集されていた企業の理念が素晴らしかったので、株を買おうとしたら、すでに高騰(こうとう)していた。座椅子が売り切れていた。

最大料金のないコインパーキング

【意味】つい躊躇(ちゅうちょ)してしまうこと。

【例文】社会に出るのは誰だって最大料金のないコインパーキングなのよ。それにはじめから迷わない社会人なんてかわいくないものよ。

殺人現場に漬物石

【意味】無視できない存在。

【例文】この企業の株価はアメリカ経済のバロメーター。つまり殺人現場に漬物石ですね。

雑談のありがたみ

【意味】失って初めて価値に気づくこと。

【例文】家族、友人、何も起きない日常……そういう大切なものって、たいてい雑談のありがたみなんだよな。

36歳でアラサーを名乗る

【意味】小さな偽(いつわ)り。

【例文】あいつの周りから誰もいなくなったのは、36歳でアラサーを名乗り続けたせいだ。信用を失ったのだろう。

シェフを呼んでいただけますか

【意味】自信に満ちあふれている様(さま)。

【例文】ランウェイを歩く彼女の姿は1年前とはガラッと変わり、シェフを呼んでいただけますかになっていた。

始業5分前起床

【意味】環境が人をダメにすること。

【例文】あの子が欲しいものを買い与えてやるのに、私は反対です。始業5分前起床になって、社会に出たらもっと苦労するでしょうから。

自然体という言葉を多用する

【意味】不自然極まりない様（さま）。

【例文】後ろめたいことがあるのだろう。被疑者は事情聴取のとき、終始自然体という言葉を多用していた。

していただくことは可能でしょうか

【意味】絶対に断れない依頼。

【例文】われわれは人質を取られてしまっている。どんな犠牲も命には代えられないから、していただくことは可能でしょうかに応えるしかない。

自分、愛妻家なんで

【意味】聞いていないのに勝手に答えること。

【例文】突然ＡＩスピーカーが自分、愛妻家なんでになった。おそらく聞き間違えたのだろう。

自分探しの旅

【意味】 暇を持て余している様。

その国は、石油と観光収入だけで潤っているのか、自分探しの旅をしている人だらけに見えた。

自分の短所で笑いを取る

【意味】 簡単そうに見えて実は難しいこと。

【例文】 この小さな針に糸を通すのは、一見、誰にでもできそうですが、やってみたら自分の短所で笑いを取ることだとわかりますよ。

自分の投稿にいいねする

【意味】必死すぎる様(さま)。

【例文】君にはまだキャリアも経験もない。でもだからこそ自分の投稿にいいねするところを見せたっていい。熱量だけは周囲に届くはずだから。

自分の話ばかりする男

【意味】モテないタイプ。

【例文】山下くんはイケメンだけど自分の話ばかりする男だと思う。女の勘、ってやつだけど。

サクッとやっといて

【意味】 難易度の高いミッション。

「そんなに本気出してもらうほどの仕事じゃないんで、サクッと書いちゃってよ」みたいな依頼をされることがある。こういう仕事は、たいていそう甘くない。むしろ事故が起きる可能性が高い。

初期設定というのは、あらゆる場面において重要だ。5分遅れます、と言って10分遅刻したら感じ悪いが、10分遅れます、と言って5分遅刻だったら傷が浅い。同窓会では、昔イケメンだったやつの方が時の流れを感じ、昔から老け顔のやつの方が若く感じる。

つまり最初にセットされたイメージによって、最終的な印象は激変する。

だから何かをお願いするときは、ちょっと厳しめにハードルを設定しておくのがいい。だんだんつらくなっていくより、体力のある序盤で飛び越える方が、まだなんとかなりますから。

自分を名前で呼ぶ女性

【意味】扱いに困ること。

【例文】せっかくいただいた結婚祝いの置物だけど、場所は取るし好みじゃないし、自分を名前で呼ぶ女性なのよねえ。どうしよ。

地元でドラマ撮影

【意味】ちょっとテンションが上がること。

【例文】妻が子どもみたいに笑う姿を久しぶりに見た。お酒が入って地元でドラマ撮影したのだろう。

写真うつりいいね

【意味】100%喜べないこと。

【例文】今回のボーナス、上がったはいいけど写真うつりいいねだよ。もうすぐ基本給が下がると俺は予測している。

授業中の時計

【意味】まったく進まないこと。

【例文】連休最後の高速に乗ったことが間違いだった。60キロに及ぶ大渋滞で、車は授業中の時計だ。

修正液だらけの履歴書

【意味】相手をなめていること。

【例文】おまえ、さっきから俺のこと修正液だらけの履歴書だろ！　言っておくけど俺の方が先輩だからな。

シュッとしてる

【意味】雑なほめ方。

【例文】そんなシュッとしてるじゃ犬には伝わらないんです。言葉をかけてあげながら全身でほめてあげてください。

主役が第1話で死亡

【意味】先が読めない展開。

【例文】え？　マジ？　出てった奥さんが突然帰ってきたって？　主役が第1話で死亡になってきたな。

上司にそれな

【意味】使い方を間違えること。

【例文】スマホを買ったおじいちゃんが、ガラケーみたいに折り畳もうとしている。おじいちゃん、上司にそれなだよ。

少年漫画に出てくるヨボヨボじじい

【意味】とんでもない実力を秘めていること。

【例文】わが社の新作となる電気自動車は、少年漫画に出てくるヨボヨボじじいです。一度乗っていただければ、すぐにおわかりいただけるでしょう。

除菌シートで顔を拭く

【意味】ありがちなミス。

【例文】せっかくがんばって問題を解いたのに、名前を書き忘れて台無し。除菌シートで顔を拭くだけど悔しすぎる。

食レポでおいしいです

【意味】求められているのと違う答え。

【例文】その俳優は自分の演技に満足しているようだったが、演出家から見れば食レポでおいしいですだった。

諸説あり

【意味】都合のいい言い訳。

【例文】「あなた浮気してるでしょ」と夫を問い詰めたら、諸説ありと返してきた。腹が立って仕方がない。

初対面でタメ口

【意味】相手に対して優位に立とうとすること。

【例文】動物が体を大きく見せて威嚇しようとするのは初対面でタメ口するためのいわゆるマウンティングである。

新幹線からプレゼン

【意味】無茶をすること。

【例文】あんまり新幹線からプレゼンしないで。あなたが倒れたら私たち家族はみんな路頭に迷うんだから。

身長だいたい170センチ

【意味】ちょっとサバを読むこと。

【例文】私は知っている。夫はクレジットカードの申し込みで年収欄を記入するとき、身長だいたい170センチであることを。

好きになってもいいですか

【意味】もうだいぶ好きなこと。

【例文】ハタチになったばかりだというのに、娘はお酒が好きになってもいいですからしい。一緒に飲めて嬉しい半面、ちょっと心配だ。

リモーソウ

少し遅れますので先に始めててください

【意味】責任を軽くしようとする戦略。

【例文】どんだけ言い訳したって浮気は浮気でしょ！　女の子と手をつないでた時点でアウトだから。少し遅れますので先に始めててくださいとか無駄だから。

捨てきれてない変顔

【意味】やらない方が賢明なこと。

【例文】そんなやる気のない態度で業務につくなら、捨てきれてない変顔だぞ。趣味に時間を費（つい）やす方がよっぽど生産的だ。

セールの服でかぶる

【意味】恥ずかしくて居心地が悪いこと。

【例文】初デートは緊張でガチガチだった。その緊張がバレているんじゃないかと、デート中ずっとセールの服でかぶっていた。

ぜんぜん怒ってないよ

【意味】だいぶ怒っていること。

【例文】ほら、この猫ちゃん、全身が硬直してるでしょう。これはぜんぜん怒ってないよのサインなので気をつけてくださいね。

ぜんぜんモテたことないです

【意味】自信たっぷりな様。

【例文】厨房の奥に見える達人シェフ。その背中を見るだけでぜんぜんモテたことないですが伝わってくる。

それってなんの意味あるんですか

【意味】下の者が上にたてつくこと。

【例文】忠実だった明智光秀だが、最後はそれってなんの意味あるんですかになった。尽くしたものが大きいぶん、湧き上がる憎しみもまた大きかったのだろう。

それは言わない約束

【意味】約束した覚えがないこと。

【例文】30歳になったらお嫁さんにしてくれるって小学生のとき言ってたじゃない！　それは言わない約束ってどういうこと？

そろそろ閉店のお時間です

【意味】内心キレていること。

【例文】妻は笑顔でその場をやり過ごしていたが、そろそろ閉店のお時間ですだった。長く夫婦をやってればそのくらいわかる。

宝くじにすべてをかける

【意味】破滅的な思想。

【例文】伝説のロックミュージシャンたちは、短命な者が多かった。宝くじにすべてをかけていたこととと無関係とはいえないだろう。

タクシーメーターが上がる瞬間

【意味】緊張感が走ること。

【例文】そのとき会議室はタクシーメーターが上がる瞬間の空気に包まれた。ここがわが社にとって運命の分かれ道だ、と私は思った。

宅配便来ちゃった

リモーシソウ

【意味】想定外のアクシデント。

【例文】宅配便来ちゃったがない限り、今期の黒字は間違いないが、最後まで油断のないように。

ただいま電話が大変混み合っております

【意味】どれだけ挑戦しても報われないこと。

【例文】30までに売れなかったら芸人やめようかなって。いろんなコンテストに参加してるけど、結局ただいま電話が混み合っておりますだし。

脱臼（だっきゅう）と家系ラーメン

【意味】一度やるとクセになりやすいもの。

【例文】白髪ってあんまり抜かない方がいいよ。私も抜いてたらなんかやめられなくなっちゃって。脱臼と家系ラーメンなんだろうね。

単位を取り終えた大学生

【意味】時間を持て余すこと。

【例文】重要なプレゼンがあり緊張したせいか、30分前に現地に着いてしまった。結果、単位を取り終えた大学生になり、緊張の糸が切れてしまった。

ダンゴムシの裏側

【意味】目を背（そむ）けたくなる光景。

【例文】僕らが2年ぶりに地球に戻ると、そこにはダンゴムシの裏側が広がっていた。ついに宇宙人の侵略が始まったのだ。

退出時の真顔（リモーソウ）

【意味】 自分の印象を下げてしまうこと。

誰かの顔を思い浮かべるとき、いつも笑っている人がいる。いつも怒っている人や困っている人もいる。これは普段から積み重ねられたその人の印象によるものだと思う。

ちなみに最近、ＰＣの画面越しに打ち合わせをする機会が増えたわけだが、退出するときに画面が一瞬だけ静止画の状態になる。そのとき、普段ニコニコしてる人が死んだ魚みたいな顔していることがある。サスペンス映画で、主人公の近くにいる柔和（にゅうわ）な人が黒幕だとわかった、あのときのように……。

そう思って退出時にめちゃめちゃ笑ってみたりしたのだが、自分の場合は打ち合わせ中の表情が暗いせいか、最後だけ笑うとサイコパスな愉快（ゆかい）犯のようになってしまった。

厨房(ちゅうぼう)からレンジの音がする

【意味】ちょっと残念な気持ち。

【例文】片思いしてるタケルくんが、よりによって親友のカンナと手をつないでた。厨房からレンジの音がした。

超ウケるんですけど

【意味】相手に調子を合わせること。

【例文】社会に出たら超ウケるんですけども必要になってくるわよ。聞き上手な人になれないと出世できないわよ。

リモーシウ

ちょっとトイレ行ってきます

【意味】緊張がほどける瞬間。

【例文】風呂上がりにビールをくーっとのどに流し込む。私にとって最高の、ちょっとトイレ行ってきますだ。

リモーシウ

通勤時の運動量

【意味】平和なときには見えてこないもの。

【例文】家族の絆(きずな)って通勤時の運動量なんだな。普段からちゃんと意識しなきゃ。いつか後悔することになるから。

ツーブロック禁止

【意味】理由が不明瞭なこと。

【例文】推定無罪という言葉を知っているかい？　ツーブロック禁止のまま私を逮捕することはできないのだよ、君は。

リモーソウ

妻の深いため息

【意味】身に覚えがないのにおどおどしてしまうこと。

【例文】刑事が指摘したその時刻、私はたしかに東京にいた。つまりアリバイがある。それにもかかわらず妻の深いため息になってしまった。

でーすーよーねー

【意味】媚びへつらっている様。

【例文】休日、夫と二人で出かけると、夫の上司にばったり遭遇した。人目もはばからず、でーすーよーねーという夫を見ながら、熟年離婚という言葉が頭に浮かんだ。

適当すぎるプロポーズ

【意味】一生恨まれること。

【例文】許さん……許さんぞ！　この屈辱は忘れようにも忘れられん。貴様は私から適当すぎるプロポーズなことを覚えておけ！

的な？

【意味】必要のない確認。

【例文】新人の部下が、的な？　ばかりしてくる。肝心なときは何も言わず勝手に仕事を進めるくせに。

ですです

【意味】適当に調子を合わせる様（さま）。

【例文】おそらく初めて会う相手なのだが、向こうはこちらを知っているような口ぶりなので、ですですしておいた。

電車内でのシャッター音

【意味】事件性を感じること。

【例文】普通に考えれば偶然の事故ということで処理される案件。しかし刑事としての勘から、電車内でのシャッター音を感じたんです。

電池が切れかけたリモコン

【意味】意思が通じないこと。

【例文】裏へ抜け出すタイミングとパスを出すタイミングがバラバラで、フォワードとパサーが、電池が切れかけたリモコンですね。

トイレでリモート打ち合わせ

【意味】最後の手段。

【例文】これだけミサイルを撃ち込んでもビクともしないとは……。仕方がない。トイレでリモート打ち合わせだ。

どうすれば人気者になれますか

【意味】何かズレている様。

【例文】まず君が本当にやりたいことを決めないと。そこを決めずに学部を選ぶのは、どうすれば人気者になれますかだよね。

泊まったけど部屋は別

【意味】完全にクロなこと。

【例文】警部、容疑者は泊まったけど部屋は別です。今すぐ別件で引っ張りましょう。

ドラマより原作派かな

【意味】わかってる感を出すこと。

【例文】クリエイティブな現場に行くとドラマより原作派かなみたいな人がたくさんいるけど、だいたいニセモノよね。

内容見ずにいいね押す

【意味】表層的で心がこもっていないこと。

【例文】誕生日に指輪をもらった。高価なはずなのに心が震えないのは、内容見ずにいいね押しているからだろう。

なくしたと嘘(うそ)ついて転売

【意味】非人道的な行為。

【例文】われわれは権力には屈しない。たとえ相手が国であっても、なくしたと嘘ついて転売を見過ごすわけにはいかないのだ。

なれそめがナンパ

【意味】少し後ろめたい気持ち。

【例文】うわあ、素敵なレストラン。私たち場違いじゃない？　どうしよう……嬉しいけど、なれそめがナンパだわあ。

リモーシウ

なんでパパ家にいるの？

【意味】　煙たがられること。

日本の住宅は、父親が会社に行くことを前提としてつくられてきたらしい。休日ですらお父さんは居場所を見つけられず困りがちなのだから、在宅で働くことが珍しいことではなくなった今、お父さん難民は激増していることでしょう。これは現代の社会的な問題だと思うけれど、幼い子どもたちは、世の中で起きていることより家の中で起きていることの方が気になるもの。一生懸命打ち合わせでプレゼンしても、幼い娘は「パパお友達としゃべってる」と言い、疲れ果ててリビングに戻れば、「なんでパパ今日家にいるの？」と尋ねられる。
その目が純粋でまっすぐであればあるほど、居場所も肩身も狭くなっていく。

なんかいいことないかなー

【意味】現実と向き合えていない様（さま）。

【例文】その占い師が言っていることを参考にするのはいいけどさ、おまえ、なんかいいことないかなーなんじゃない？　俺にはそう見えるよ。

入浴後の打ち合わせ

【意味】人前に出たくないこと。

【例文】私、緊張するとすぐに顔が赤くなっちゃうので、できれば入浴後の打ち合わせなんです。

人気ドラマの新シーズン

【意味】眠れない日々が続くこと。

【例文】「次の方どうぞ」「失礼します」「今日はどうされましたか？」「人気ドラマの新シーズンでして……」「なるほど。何かお心当たりは？」

猫好きのマジ度

【意味】周りが見えなくなるなるほど心酔している様。

【例文】あのアツアツぶり、ちょっと危険だよね。猫好きのマジ度になってて心配だわ。

リモーンウ

猫とキーボード

【意味】近づけてはいけないもの。

【例文】この電極は猫とキーボードなので気をつけてくださいね。下手すると爆発して部屋ごと吹っ飛びますので。

値札を取り忘れたプレゼント

【意味】台無しになってしまうこと。

【例文】大会に向けてあれだけ練習してきたのに、本番でまさかのバトンミスという値札を取り忘れたプレゼント。スポーツの世界って本当に残酷。

バエるバエない

【意味】大して重要ではない問題。

【例文】大切なのは子どもたちの未来であって、大人である私たちの目先の利益じゃない。そんなのはバエるバエないでしかないでしょう。

リモートシゴトウ

背景に観葉植物

【意味】自分をよく見せようとする様(さま)。

観葉植物は、寛容な植物だと思う。それだけあれば、オシャレな人にしてくれる。しかも服みたいに人を選ばない。どんな部屋でもいい感じにしてくれるのだ。

それはきっと、植物、つまり自然なものだからではないかと推測する。自然は誰にも否定できないから。

しかしながら、背景に観葉植物を見せて自分をよく見せようとする姿は、不自然極まりないものではなかろうか。そんなに都合よく画面の中に観葉植物は入ってこないんじゃないか。

観葉植物とは、寛容なぶん、人間をダメにしているような気もする。

初めての首都高

【意味】ものすごい緊張感。

【例文】入学式にのぞんだ息子は、強がっていたが初めての首都高だとわかった。今夜は疲れてぐっすりだろう。

はじめに謝っておくね

【意味】期待値を下げること。

【例文】プレゼンのテクニックとして、意図的にはじめに謝っておくねしておくビジネスマンもいるらしい。

バスタオルの使い回し

【意味】アリかナシか意見が割れること。

【例文】俺はお好み焼きにマヨネーズとか絶対あり得ないんだけど、世の中的にはバスタオルの使い回しなんでしょ？信じらんないよねー。

花火大会の最寄駅（もより）

【意味】身動きがとれなくなること。

【例文】屈強なディフェンダー二人に囲まれた10番の選手は、花火大会の最寄駅となりその技術を発揮できずにいた。

ヒーローと中年の筋肉痛

【意味】少し遅れてやってくるもの。

【例文】ここのＷｉ－Ｆｉ、なんか不安定かも。さっきから映像も音声もヒーローと中年の筋肉痛になってるし。

人前でだけおふくろ

【意味】見栄を張ること。

【例文】人前でだけおふくろは成長の足かせになる。自分を大きく見せようとせず、ありのままに誠実な自分でいなさい。

人見知り同士

【意味】言葉を交わさずとも通じ合うこと。

【例文】日本を代表するバドミントンペアの彼女たち。タイムも取らずに劣勢を見事に立て直した。人見知り同士だからだろう。

ファッションショーの服

【意味】共感できないこと。

【例文】最終回まで見たけど、どこで泣けばいいのって感じ。ファッションショーの服ばかりで感情移入ぜんぜんできなかった。

フィルター詐欺（さぎ）

【意味】真実をねじ曲げること。

【例文】裁判長、証人はフィルター詐欺をしています。先ほどの証言は明らかに偽証であります。

夫婦のディスタンス

【意味】何より重要な事案。

【例文】売り上げや利益には直結しなくても、今、企業にとってＳＤＧｓは夫婦のディスタンスである。

フォロワー1万人

【意味】感覚がおかしくなること。

【例文】東京の家賃に慣れちゃうと、地元のマンションが全部激安に見えるよね。フォロワー1万人になってるのかな。

フォロバ目当てのフォロー

【意味】見返りを期待すること。

【例文】真実の愛というのは、フォロバ目当てのフォローをしないことを言うのです。愛はあくまでも与えるものなのですから。

バンドスケボーブレイクダンス

【意味】 モテたくて仕方がないこと。

仕事で向き合う人は、みんなちゃんとした人に見える。一緒にビジネスをしているのだから当然だが、ふとした拍子（ひょうし）に学生時代の駄話になったりすることがある。どんな部活をやっていましたとか、友達少なかったですとか、ちょっとグレてましたとか、意外な一面が見えて楽しい。

でも、ときどき、その質問待ってましたあ！ と言わんばかりの野郎たちがいる。このカテゴリーの三大スターといえば、バンドマン、スケーター、ダンサーである。聞いてもいないのにジャンルはパンクと語り、公園でスケボーやダンスの練習をしておまわりさんに怒られた話とかしてくる。総括すると「イケてました俺」という7文字を言いたかったのだなとわかる。そのとき私は、おまえの話、スケートボードよりよく滑ってるぞと脳内ツッコミを入れる。

深づめ後のネイルサロン

【意味】もったいなく感じてしまうこと。

【例文】他人もうらやむ才能があるのに、ピアノをやめてしまった彼女。深づめ後のネイルサロンだが、本人が幸せならそれでいい。

服に興味がない金持ち

【意味】実力が表に見えにくいこと。

【例文】おっとりして見えるでしょ、彼女。でも服に興味がない金持ちなだけで、現場に出たらバリバリの「デキる女」なのよね。

ブチギレメールを全員返信

【意味】一気に好感を失うこと。

【例文】国際条約を軽んじたあの国は、ブチギレメールを全員返信してしまった。孤立した国の国民が不憫(ふびん)でならない。

フった男が大出世

【意味】価値を見誤ること。

【例文】この質屋、値付けがおかしい。このダイヤが億いかないわけがない。確実にフった男が大出世だな。

ぶっちゃけて言うと

【意味】周知の事実。

【例文】イルカが哺乳（ほにゅう）類なのはぶっちゃけて言うとですが、コウモリも哺乳類だって知ってましたかー？

ぶっちゃけ年収いくら？

【意味】一線を越えてしまうこと。

【例文】彼女のこと、ずっと親友だと思ってきた。でも昨日の夜、僕はついにぶっちゃけ年収いくら？　の関係になってしまった。

プロレスでたとえ話

【意味】周りが理解できないこと。

【例文】常務のやり方は今の若い社員には合わないかもしれない。精神論ばかりでプロレスでたとえ話なんだよ。

文化祭実行委員

【意味】やる気に満ちあふれる様。

【例文】チャレンジに年齢制限はないのだろう。90歳を超えるおじいちゃんが文化祭実行委員として動画編集にのぞむ姿を見てそう思った。

分譲か賃貸か

【意味】それぞれに正義があること。

【例文】ダークヒーローがもてはやされることが増えた。多様性が受け入れられ、分譲か賃貸かに世の中が気づき始めたのだろう。

別居からの復縁

【意味】奇跡の大逆転。

【例文】30年前に起きた別居からの復縁は、今でも日本の高校野球史に色濃く刻まれている。

ポイント10倍デーにカード忘れ

【意味】あり得ない大失態。

【例文】うちの人事の若手が、採用選考中の学生に不採用通知を送るというポイント10倍デーにカード忘れをやらかした。処分を考えねばならない。

棒アイスで当たりを引く喜び

【意味】大人になると忘れてしまうもの。

【例文】さまざまな業界のトッププレイヤーを取材して驚いたことは、みな棒アイスで当たりを引く喜びを忘れていないということだった。

ポケットをぽっけと言う

【意味】一気にかわいくなること。

【例文】メグミって最近、ポケットをぽっけと言うようになったよね。さては恋でもしてるのかしら。

ポテサラがうまい居酒屋

【意味】期待が持てること。

【例文】ホワイトデーに彼からお返しをもらったのは、クラスで私だけ。ちょっとポテサラがうまい居酒屋です。

ポテチひとふくろ

【意味】いけないとわかっていても犯（おか）してしまう過（あやま）ち。

【例文】刑事さん、俺がやりました。またやったらムショ戻りになることはわかってたけど、すみません、ポテチひとふくろでした。

本質という言葉を使いたがる

【意味】それっぽいけど中身がないこと。

【例文】現代技術をもって古民家風の建物をつくっても意味がない。それでは本質という言葉を使いたがるになってしまう。

マグカップで日本酒

【意味】雰囲気が出ない様（さま）。

【例文】こんなムーディーな夜景見せられても、オッサンたちだけじゃマグカップで日本酒だな。ただの電球にしか見えねえや。

真面目そうな人の不倫

【意味】ダメージが大きいこと。

【例文】応急処置はしたが思ったよりも真面目そうな人の不倫だ。明日の決勝までに回復できるか、それが心配だ。

マスクに広がる口臭

【意味】自爆してしまうこと。

【例文】ハイキックで相手の頭部を狙（ねら）ったが、かわされてそのまま転び、マスクに広がる口臭となった。

町中華の店内ポスター

【意味】　ずっと更新されないもの。

最近、町中華が流行(はや)っているらしい。油でギトギトの床。つけっぱなしの旧式テレビ。ホコリまみれの扇風機。踏んだら即(そく)割れそうなグラス……。うまいからとか、オシャレだから、という要素とはまるで違う正義が、町中華にはある。

その中でもとくに象徴的なのが、数十年にわたって蛍光灯と油を浴び、カピカピになったポスターである。ジョッキを持ったキャンペーンガールみたいなアイドルは、今、何歳になったのだろうか。

けれど実物のアイドルがどれだけ劣化(れっか)していようが、いやむしろ劣化していればいるほど、町中華のポスターの中では輝きを増していくのだ。

待合室のオルゴール

【意味】世の中の暗黙のルール。

【例文】合流で入れてくれた車にハザードランプで感謝の意を伝えるのは、待合室のオルゴールである。

マッサージ師の肩こり

【意味】自らを犠牲にして他人を救うこと。

【例文】日本人の気質なんだろうね。楽勝で勝ちきるよりも、主人公のヒーローがマッサージ師の肩こりになった方がウケがいいんだよね。

（ま）

真冬にビーチバレー

【意味】タイミングが合っていない様（さま）。

【例文】このパスタ何分ゆで？　鍋から上げるのちょっと真冬にビーチバレーかも。麺が固まってるとこあるよ。

周りがみんな年下

【意味】時の流れの恐ろしさ。

【例文】周りがみんな年下ということを知れば、今日という日を無駄にはできないと思える。その気づきが大切なんだよな。

水を1日2リットル

【意味】美への執着心。

【例文】白雪姫の美しさに嫉妬（しっと）したお妃（きさき）様はよっぽど水を1日2リットルが強かったのだろう。ああ恐ろしい。

リモーンウ

3日目のマスク

【意味】ほぼ意味がないこと。

【例文】だから前から何度も言ってるけどあなたとは付き合えません。手紙もプレゼントも3日目のマスクですから。

リモーソウ

ミュートしたまましゃべる

【意味】ちょっと恥ずかしいこと。

【例文】レギュラーを外されて、しばらく腐(くさ)っていた。けれど大声で応援する後輩を見てミュートしたまましゃべり、切り替えようと思うことができた。

ミルで豆から挽(ひ)きました

【意味】自信たっぷりな様(さま)。

【例文】志望校に合格した息子は、ミルで豆から挽きましたでした。おごることなく、さらに大きく羽ばたいてほしいものです。

無人島からプレゼン

【意味】あり得ないとも言いきれないこと。

【例文】うちの娘に限って、家出なんてするわけがない。しかし最近、妻と親子げんかばかりしており、もはや無人島からプレゼンだ。

名店のまかない

【意味】表には見えないが実力がたしかなこと。

【例文】私は人を見るとき、名店のまかないを信じている。やってる感を出しまくる、ギラギラしたタイプが嫌いだからかもしれない。

メープルシロップのキャップ

【意味】すぐ意固地になること。

【例文】そうやってすぐメープルシロップのキャップになってたら、うまくいく恋もうまくいかないわよ。ほら、もっと肩の力抜かなきゃ。

メール転送します（原文ママ）

【意味】職務を放棄する様。

【例文】若手は結果を出せなくて当たり前。大切なのはメール転送します（原文ママ）をせず、とにかくやり抜くことだ。

リモートシゴトの注意点

ミュートするの忘れてた

【意味】　取り返しのつかない失敗。

とても優秀な後輩デザイナーとリモート打ち合わせしたときのこと。彼の考え抜かれたデザイン案と巧みな語り口に誰も異論を挟むことができない。けれど私が話すとき、彼はミュートするのを忘れていたのだろう。夕飯の準備でイラつく奥さんとの会話が、10人を超えるミーティングメンバーに共有された。

妻「何時までかかんの？」。夫「……」。

妻「早く終わらせてよ」。夫「……」。

妻「デザイナーなのに時間のデザイン下手とかウケる」。夫「……」。

仕事では饒舌(じょうぜつ)な彼も、家庭では仏像のように無口だったのだ。

目の奥が笑ってない

【意味】相手を静かに追い込む様。

【例文】クモの巣に引っかかって身動きがとれなくなったチョウチョ。そのクモは、目の奥が笑ってなかった。

もう少し早く出会っていたら

【意味】思わせぶりな様。

【例文】常務は部長昇格についてもう少し早く出会っていたらを繰り返していたが、フタを開けてみたら何もなかった。

有給休暇と歯に詰まったカス

【意味】わかっていてもなかなか取れないもの。

【例文】やば……今、引き出しの奥に何か落ちた。狭くて手が入らないから有給休暇と歯に詰まったカスだー。最悪だー。

油性ペンを握る赤ん坊

【意味】人々を恐怖に陥(おとしい)れる暴君。

【例文】秦(しん)の始皇帝(しこうてい)は油性ペンを握る赤ん坊と言われ続けてきたが、最近では、実は名君主だったのではないかという評価が増えてきている。

夢にあなたが出てきて

【意味】その気にさせること。

【例文】あのクライアントはさんざんウチに夢にあなたが出てきてと言っていたのに、結局ライバルの会社の提案に乗ってしまった。

夢の印税暮らし

【意味】実際は存在しない幻。

【例文】この山の上には仙人がいて霞（かすみ）を食べてるなんて言われてるが、夢の印税暮らしであることは子どもでも知っている。

用を足してから体重計

【意味】最後の悪あがき。

【例文】無駄だ無駄だ！　どんなに用を足してから体重計に乗ったところで、おまえの負けはもう決まっているのだ！

リモートシウ

余計なものまで画面共有

【意味】秘密がバレてしまうこと。

【例文】国家にとって重要な余計なものまで画面共有してしまったせいで、彼は命を狙われることになった。

40代ギャル男

【意味】見ていて痛々しいもの。

【例文】麻酔が効いているからまったく痛みは感じないはずなのだが、さすがにメスが入る瞬間は40代ギャル男でつい目を覆ってしまった。

リアリティ番組のリアリティ

【意味】どこまで信じていいかわからないこと。

【例文】ハワイに別荘、もう夢じゃない。って書いてあるけどさ、これリアリティ番組のリアリティだよな。不動産屋の戦略にしか見えん。

レンタルオフィス借りました

【意味】勝ち組の特権。

【例文】アリサは性格キツイけどかわいいから。あんないい男と結婚できるなんて、レンタルオフィス借りましたよね。

ロック系ファッション

【意味】容易に手を出さない方がいいもの。

【例文】父はいつも、俺のやることに口を出してこなかった。言われたことといえば、借金だけはロック系ファッションくらいだ。

ワイドショーの誘惑

【意味】一度ハマると抜け出せないもの。

【例文】思ったより深いぞ、この洞窟。これ以上進んだらワイドショーの誘惑だから、ここで一度引き返した方が賢明かもしれん。

ワイパーとウィンカーを間違える

【意味】ビクッとすること。

【例文】カラスの鳴き声でワイパーとウィンカーを間違えた結果、池ポチャになってしまった。

私コミュ障なんです

【意味】人付き合いがうまい人のこと。

【例文】ビジネスで成功する条件は、能力と経験、そして私コミュ障なんです。自分の殻(から)に閉じこもってはいけません。

私晴れ女なんで

【意味】なんの根拠もない自信。

【例文】新入社員はむしろ私晴れ女なんでな方がいい。その方がいろいろなことにチャレンジできるし、失敗もできるし、結果成長につながるのだから。

私見えるんです

【意味】ちょっと怖いこと。

【例文】順風満帆な仕事。イケメンで優しい彼。幸せすぎて私見えるんです。

私も彼のこと……

【意味】嵐の予兆。

ある作家が、残忍なシーンをしっかりと描写するより、むしろそこを端折って、視聴者の想像力に委ねた方がずっと怖くなるんだよ、と言っていた。これは言葉のやりとりでも同じことが言える。

「私も彼のことが好きになってしまったので、あなたとは恋敵になってしまいました」より「私も彼のこと……」の方がはるかに強い。というか怖い。

「友達にこんなこと言えない……でも……でも言わなきゃ」みたいな、内に秘めた感じも含めて怖い。

拳より、暴言より、何も言わない「行間」に殴られる方が、実は痛いのかもしれない。

私もこの服持ってるんです

【意味】信憑性に欠ける様。

【例文】数字だけ見ればたしかに成長著しい企業だが、事業内容や成長の仕方を見ると私もこの服持ってるんですだな。

悪いようにはしないから

【意味】極めて信じがたいこと。

【例文】海底のさらに奥には地底人がいる。昔からそんな都市伝説があるが、悪いようにはしないからだ。

何かの間違いでまあまあの人気シリーズとなった妄想国語辞典。

二〇一九年に第一弾を発売してから、さまざまなメディアで紹介していただきました。

そしてなぜか結構な頻度でラジオ番組にゲストとして呼んでいただきました。もともとラジオが好きで、番組のコーナーみたいなことをやってみよう！ と思って始めた企画なので、取り上げやすい要素があったのかもしれません。

初めて出演した番組で収録ブースに入ったときのこと。有名なタレントさんを前に、なぜか緊張もしないし、やたら楽しいし、居心地もよい……

なんだこのホームな感じは！ と不思議に思ったのです。


それから数日間、その謎について考えていたら、ふと思い出したのです。小学生のとき、自分は放送委員だったことを。

放送室は限られた仲間だけの秘密基地のような場所。だけど声だけは学校のみんなに届く……その感覚は、今でも鮮明に思い出せるくらい楽しかった。

全国波のラジオブースも、僕にとっては声を届ける人が増えた「放送室」だったのかもしれません。

二十歳くらいのときに抱いた、ラジオの放送作家になりたいという夢も、本業でラジオＣＭを作ったり、今こうして番組に呼んでもらったりしているのも、今思えば、すべてはあの部屋から始まっていたのかも……なんて妄想してみたり。

もし時空を超える放送室があるなら、マイクに向かって話すことはもう決まっています。

♪ピンポンパンポーン

小学校六年生の野澤幸司くんへ。
放送作家にはなれないけど、
妄想作家にはなれるよ。

♪ピンポンパンポーン

本書を書くにあたり、いつもリードしていただいている編集者の小澤さん、今回も安心してついていくことができました。

アートディレクターの小杉くん。日本を背負うアートディレクターにもかかわらず、快く引き受けてくれて感謝しかありません。

もう一人のアートディレクター、赤沼さん。第一弾のあとがきで「これ以上売れると困る」と書いたら、予想通り売れすぎて今後頼めるかが心配になってきました。

グラビアで登場いただいた蛙亭のイワクラさん。妄想ではなくリアルに、日本のお笑いの未来はイワクラさんの手の中にあると思っています。

そして妻と二人の娘と両親へ。
幸せを教えてくれてありがとう。
妄想が追いつかないほど、僕の人生は出会う人に恵まれています。

二〇二〇年八月
コピーライター
野澤幸司

野澤幸司

茨城県牛久市出身。
竜ケ崎第一高校、
青山学院大学法学部卒業。
ハガキ職人を経てコピーライターに。
普段はいろいろな広告のコピーや
CMを考える仕事をしている。

ニューノーマル 妄想国語辞典

モデル：イワクラ（蛙亭）
ヘアメイク：遊佐こころ（ピースモンキー）
スタイリスト：SAKUYAMA NAOKI
アートディレクション：小杉幸一
アートディレクション：赤沼夏希
撮影：石川清以子
映像プロデューサー：久松真菜
DTP制作：ビューロー平林
校正：皆川秀
編集：小澤素子（扶桑社）
協力：渡部すず 平岡伴基（吉本興業）

発行日 2021年8月30日 初版第1刷発行
著者：野澤幸司 発行者：久保田榮一
発行所：株式会社 扶桑社 〒105-8070 東京都港区芝浦1-1-1 浜松町ビルディング
☎ 03 6368 8870（編集） ☎ 03 6368 8891（郵便室） www.fusosha.co.jp
印刷・製本：株式会社 廣済堂

定価はカバーに表示してあります。

造本には十分注意しておりますが、落丁・乱丁（本のページの抜け落ちや順序の間違い）の場合は、小社郵便室宛にお送りください。

送料は小社負担でお取り替えいたします（古書店で購入したものについては、お取り替えできません）。

なお、本書のコピー、スキャン、デジタル化等の無断複製は著作権法上の例外を除き禁じられています。

本書を代行業者等の第三者に依頼してスキャンやデジタル化することは、たとえ個人や家庭内での利用でも著作権法違反です。


本書は『VVmagazine』に連載していた内容に加筆修正したものです。

©Koji Nozawa 2021 Printed in Japan

ISBN978-4-594-08924-5